AF358904

DE L'INFLUENCE

DE LA

RÉVOLUTION FRANÇAISE

SUR LES MOEURS

ET LE CARACTÈRE DE LA NATION.

Par M. L... D..., Avocat en la Cour Royale.

A PARIS,

Chez { P. GUEFFIER, rue Guénégaud, n°. 31;
{ LE NORMANT, rue de Seine, n°. 8;
Et chez tous les Marchands de Nouveautés.

1815.

DE L'INFLUENCE

DE LA

RÉVOLUTION FRANÇAISE

SUR LES MOEURS

ET LE CARACTÈRE DE LA NATION.

Lorsqu'après la victoire de Leipsick, cette époque mémorable de la délivrance de l'Europe, les puissances alliées prirent la noble résolution d'entrer en France et de venir éteindre dans son foyer même l'incendie allumé par la révolution française, elles se montrèrent dignes du rang auguste où la Providence les avait placées, et méritèrent la reconnaissance de toutes les nations.

Ce n'était plus, en effet, une de ces guerres que n'enfantèrent que trop souvent la fausse politique ou l'ambition des souverains; c'était une croisade généreuse, une sainte ligue, dont l'unique but était de rendre au monde le repos que de fausses maximes, des principes pervers, des usurpations insolentes et de grands crimes avaient ravi à la France et à l'Europe.

C'était au sein même de la France qu'avait pris naissance et s'était développée avec fureur cette maladie politique, qui, pénétrant dans toutes les parties du corps social, le fit tomber en dissolution et entraîna sa ruine.

Une corruption effrayante, jusqu'alors inconnue dans les annales du monde, en fut la suite. Ces opinions politiques et religieuses, consacrées par le temps, et sur lesquelles reposaient, comme sur leur base, les sociétés civiles, furent renversées avec violence. Des hommes audacieux y substituèrent des doctrines anti-sociales, dont ils formèrent un code monstrueux de droit public et de gouvernement, et après les avoir armés de la flamme et du fer, ils les précipitèrent sur l'Europe, qu'ils couvrirent de ruines et de massacres.

La France, vaincue et subjuguée, devint entre leurs mains l'instrument de leur ambition et de leurs fureurs; le trône des Bourbons fut le premier renversé, et le sang des rois coula sous la main des bourreaux. Tous les trônes chancelèrent dès-lors sur leur base, et les souverains, comme les peuples, furent menacés d'être engloutis dans l'abîme que la révolution triomphante venait d'ouvrir sous leurs pas.

(3)

Les puissances de l'Europe s'aperçurent enfin, mais bien tard, que la réunion seule de toutes leurs forces pouvait mettre un terme à tant de calamités ; le succès couronna leurs efforts; le 3o mars 1814 leurs armées victorieuses entrèrent dans la capitale de la France, et le trône des Bourbons fut relevé.

C'en était assez, peut-être, pour l'honneur outragé des souverains : mais ce triomphe était loin de suffire au repos du monde et à la tranquillité future des sociétés humaines.

Les maux et les désordres causés par la révolution avaient des racines plus profondes. Pendant les vingt-cinq années qui venaient de s'écouler, des opinions perverses, des principes corrupteurs de toute morale publique et privée, le débordement effréné des passions les plus cupides et les plus honteuses, le triomphe scandaleux de toutes les bassesses et de tous les crimes, l'impunité des grands coupables qui avaient été récompensés par les honneurs et par la fortune ; toutes ces causes réunies avaient porté au plus haut degré l'égarement des esprits et la corruption des cœurs.

Les distinctions qui séparaient autrefois les différentes classes de la société, sans les désunir, avaient été effacées. A cette marche tranquille et régulière d'une société bien ordonnée, qui permet à chaque individu de s'élever sans secousse et sans trouble aux honneurs et à la fortune, on avait substitué cette prétendue égalité politique, qui ne fut qu'une épouvantable confusion des personnes et des rangs. Lorsqu'on eut proclamé que tous pouvaient indistinctement prétendre à tout, ce mot fut un appel à toutes les passions ambitieuses et cupides ; et les places, la fortune, les honneurs, au lieu d'être, comme on le prétendait, le partage du travail, des talens et de la vertu, devinrent, au contraire, la proie de la médiocrité intrigante, du vice heureux, et même des plus audacieux forfaits.

Une génération toute entière s'était élevéé au milieu de ces désordres et de ces crimes. Une jeunesse bouillante, précipitée de bonne heure au milieu des camps et dans ces guerres sanglantes où le droit des gens et les lois de l'humanité avaient été indignement méconnus, s'était accoutumée à ne rien devoir qu'à la violence, et à penser que les excès les plus coupables étaient légitimes, pourvu qu'ils fussent justifiés par le succès.

C'était donc à cette maladie morale des esprits et des cœurs qu'il fallait porter un prompt remède, en frappant d'anathême les doctrines révolutionnaires, et en faisant une justice éclatante de ces hommes qui, depuis vingt ans, effrayaient le monde par leur audace et par leurs crimes.

On s'abandonna au contraire à un faux système de générosité et de clémence : on colora du nom spécieux d'humanité et de philosophie cette coupable mollesse envers le crime, qui, dans les hommes comme dans les nations, est l'indice le plus certain de leur dépravation morale et l'avant-coureur de leur ruine. Les grands coupables se servirent avec habileté de cette funeste disposition des esprits, et se cachant sous le masque d'une hypocrisie profonde, non contens de l'oubli et de l'impunité qu'on leur assurait, ils obtinrent encore la conservation de leur fortune, de leurs honneurs, des places importantes qu'ils occupaient, et ils se ménagèrent ainsi les moyens de ressaisir le pouvoir qui venait de leur échapper.

Louis XVIII remonta à la vérité sur son trône; mais ce trône, miné et sans appui, resta suspendu sur des abymes: on crut la révolution terminée, mais elle ne fit que se reproduire sous une forme nouvelle, et elle exista toute entière dans les administrations, dans les tribunaux et dans l'armée.

On vient de voir les tristes effets de tant d'imprévoyance, comment cet incendie tout-à-coup rallumé a menacé de nouveau d'embraser le monde. Les mesures promptes et énergiques des Souverains et la valeur de leurs armées ont arrêté son cours; elles ont une seconde fois ouvert les portes de la capitale à ce Monarque victime de la bonté de son cœur, de la générosité de son caractère et de la plus infâme trahison, mais dont la cause est devenue celle de tous les rois.

Souverains de l'Europe, que le passé soit pour vous la leçon de l'avenir ; ne laissez pas une seconde fois votre ouvrage imparfait !

Dans ce congrès de Vienne, qui doit être une des plus belles pages de l'histoire de notre siècle, dans ce congrès, où la modération, la prudence, les vues les plus sages de la diplomatie la plus généreuse présidèrent aux délibérations, vous avez voulu assurer pour longtemps le repos et la paix du monde ; mais la France rendue à son Roi légitime, la France gouvernée à l'avenir par des lois raisonnables, et enlevée pour jamais aux doctrines et aux passions révolutionnaires, est la base sur laquelle repose l'édifice de ces nouvelles combinaisons politiques : sans repos assuré pour la France, il ne peut y en avoir pour l'Europe. La France ne peut être en fermentation, sans troubler le repos des nations voisines, et jamais elle ne cessera d'être agitée, tant qu'on n'aura pas extirpé de son sein le levain de la révolution.

Ce levain qui, depuis vingt ans, a fait éclore tant de crimes, existe dans les doctrines, dans leurs propagateurs et leurs apôtres, et dans ces hommes que la révolution a rendus coupables, et qui ne voyent de sûreté pour eux que dans son triomphe.

Ces doctrines, irréligieuses à-la-fois et anarchiques, effacent du cœur de l'homme la sainte image de la divinité, lui ôtent le frein de la conscience, l'affranchissent de la religion du serment, et ne soumettent ses penchants et ses devoirs qu'à la vile considération de son intérêt personnel.

Elles disent aux peuples : Tout pouvoir dans la société n'émane que de vous ; les puissances établies sur la terre pour gouverner les hommes peuvent être changées et renversées au gré de votre volonté et même de vos caprices, car vous n'avez pas besoin d'avoir raison pour valider vos actes. Ces institutions de vos pères, ces lois, fruit d'une longue expérience et d'une profonde sagesse, ces établissements politiques et religieux, qui pendant une longue suite de siècles ont fait la gloire et le bonheur de la patrie, ce noble héritage transmis par vos ancêtres, la génération présente peut l'anéantir, sans respect pour les générations passées, au détriment des générations futures.

Voilà cependant les doctrines que, depuis un demi-siècle, des sophistes, sous le nom de philosophes, insinuent dans le cœur et l'esprit des peuples, et qu'ils décorent du nom pompeux d'*idées libérales !*

Quand bien même ces doctrines ne seraient que des opinions spéculatives, elles n'en mériteraient pas moins toute la sollicitude des gouvernemens, dont le devoir le plus sacré est d'arrêter le cours de ces idées novatrices, qui tendent à corrompre les mœurs des particuliers et à dégrader le caractère des peuples.

Mais lorsqu'elles forment dans l'Etat une faction politique, lorsqu'elles ont renversé les institutions d'une grande Nation, lorsque s'armant de toute la force de ce peuple corrompu par elles, elles ont voulu étendre dans le reste de l'Europe leurs pernicieuses influences, elles deviennent une de ces grandes épidémies morales contre lesquelles doit se réunir la puissance de tous les Gouvernemens; et comme elles se sont armées pour conquérir, il faut aussi armer contre elles pour les repousser et les anéantir.

Telle a été et telle est encore la situation de l'Europe vis-à-vis de la révolution française.

C'est pour l'avoir méconnue, il y a un an, que les Peuples, qui croyaient pouvoir rester en paix après de si longues et de si sanglantes convulsions, viennent de voir le volcan se rouvrir et menacer encore le Monde d'une nouvelle éruption.

Lorsque, le 4 mai 1814, le Roi rentra dans son royaume, il n'y fut pas ramené par les Puissances étrangères; il se montra à ses peuples. et on n'a pas oublié avec quel enthousiasme il fut reçu par la Nation toute entière; avec quelle énergie se réveillèrent ces sentimens français, que vingt-cinq années de tyrannie révolutionnaire avaient comprimés sans avoir pu les détruire.

Le Roi, la Nation, les Puissances alliées elles-mêmes, furent entraînés par la rapidité de ce mouvement général, qui ne permit pas de réfléchir sur la véritable situation de la France, ni sur le système de conduite que commandaient les circonstances extraordinaires dans lesquelles on se trouvait. Le Roi remonta sur son trône, et l'on crut la monarchie rétablie; et c'est à cette fatale erreur qu'il faut attribuer la révolution du 20 mars et les maux qui en ont été la suite.

Cherchons donc aujourd'hui le remède à tant de calamités, et comment enfin on pourra mettre un terme à cette longue maladie politique, qui, depuis vingt-cinq ans, travaille et tourmente les sociétés européennes.

On ne peut trouver le remède qu'en envisageant le mal dans toute son étendue et en sondant avec courage la plaie dans toute sa profondeur.

Il faut donc tracer ici le tableau fidèle de la situation morale de la France après les vingt-cinq années qui viennent de s'écouler.

L'Histoire du Monde ne présente pas d'exemple d'un bouleversement semblable à celui opéré par la révolution française. La nation la plus anciennement constituée de l'Europe, qui s'honorait depuis tant de siècles des plus nobles institutions, dont tous les peuples admiraient la sagesse des lois, la douceur du gouvernement, l'urbanité des mœurs, et cette élévation de sentimens, heureux fruit de la religion, de l'honneur, à qui, dans tous les temps, les Français avaient rendu un culte si constant et si pur; cet honneur dont la flamme brillait avec tant d'éclat dans les premiers rangs de la société, et dont le reflet jetait même encore quelques lueurs jusques dans les dernières classes du peuple ; cette nation, dis-je, vit s'abîmer dans une convulsion subite ses institutions, ses lois, son gouvernement, le trône antique de ses souverains et les autels de sa religion. Tout changea en un instant, le caractère national, les mœurs, les sentimens, et jusqu'aux habitudes de la société.

Et comme on voit dans un tremblement de terre, au milieu des décombres d'une ville renversée, des brigands s'introduire à travers les ruines pour dérober quelques trésors, en France on vit sortir de ce bouleversement universel tous les élémens impurs que renferme dans son sein une grande société. Les vils suppôts de l'intrigue, les hommes ruinés, perdus de mœurs, et même souillés de crimes, tous ceux enfin qui voyaient dans les troubles civils une route ouverte pour arriver à la fortune, se montrèrent au grand jour, et, soulevant la lie du peuple contre les premières classes de la société, ils s'emparèrent audacieusement du pouvoir et organisèrent ce gouvernement monstrueux connu encore parmi nous sous le nom de règne de la terreur, et dont le bourreau fut le premier ministre.

C'est à cette fatale époque qu'il faut fixer l'avilissement du caractère national ; elle a laissé dans les ames une impression profonde qui n'est pas encore effacée, et on lui doit depuis vingt ans cette obéissance prompte et servile à toutes les tyrannies qui, sous des noms divers, ont écrasé notre malheureuse nation.

En effet, on se rappelle encore avec effroi ces temps de désolation ; ce tableau effrayant d'une nation de vingt-quatre millions d'hommes, dont tous les liens furent brisés avec violence ; la France couverte de prisons et d'échafauds ; la naissance, la fortune, les talens, la vertu même devenus des titres de proscription ; les hommes des dernières classes du peuple appelés à remplir les plus nobles emplois de la société dans les administrations, dans les tribunaux, dans les assemblées de la nation, et à servir ainsi d'instrumens aveugles et frénétiques aux tyrans de la patrie.

A ces décrets de sang qui faisaient tomber sous la hache des bourreaux les têtes les plus respectées, on ajouta ces lois spoliatrices qui abandonnaient les biens des victimes à la rapacité des hommes sans honneur et sans fortune ; on les vit tous accourir à ce riche butin, et se couvrir sans honte de la dépouille des proscrits.

L'armée elle-même courbait la tête sous le joug de la terreur, et l'on vit alors d'insolens proconsuls promener dans les camps l'instrument de mort et guider nos soldats à la victoire à la suite de cet étendard ensanglanté.

Les lois les plus immorales vinrent augmenter

ces affreux désordres. La majorité, fixée à vingt-un ans, relâcha et affaiblit les ressorts de l'autorité paternelle ; la scandaleuse facilité accordée au divorce rompit avec violence les liens de la famille, et ne fit plus du mariage, ce fondement sacré de la société, qu'un honteux concubinage.

Ce ne fut pas encore assez ; il fallut anéantir dans sa source toute morale et toute vertu. La religion de nos pères fut livrée aux insultes d'une populace égarée ; les signes révérés de notre culte, abandonnés aux plus vils usages ; des animaux immondes, couverts des habits sacerdotaux, promenés insolemment dans les rues de la capitale ; enfin, pour comble d'horreur, les ministres d'un Dieu de paix précipités dans les cachots et impitoyablement égorgés.

Nous avons connu les auteurs de ces abominations sacrilèges : la plupart d'entr'eux vivent encore ; l'impunité a été leur partage, les honneurs et la fortune quelquefois leur récompense ; et naguères plusieurs d'entr'eux ont osé faire entendre dans le sanctuaire des lois leurs voix séditieuses en présence de la nation indignée (1).

Cette affreuse époque exerça sur les mœurs et le caractère national une bien triste influence. C'est elle qui réveilla cette jalousie et cette haine

____

(1) Dans la dernière assemblée des prétendus représentans de la nation.

qui couvent toujours sourdement dans le cœur des hommes des dernières classes du peuple, et que la puissance des lois, unie à la force des sentimens religieux, peut à peine contenir; elle leur apprit le secret de leur force, et dès-lors tous les liens de la subordination sociale furent rompus; les insultes prodiguées aux ministres des autels, et les profanations sacriléges étouffèrent cette croyance religieuse, le frein le plus puissant à opposer aux désordres et aux vices des hommes sans éducation, et l'unique fondement que l'on puisse donner à la morale du peuple. L'on vit alors se développer dans les villes, et même dans les campagnes, une dépravation jusqu'alors inconnue, et dont on ne ressent que trop tous les jours les funestes effets.

Les persécutions dirigées contre les hauts rangs de la société, l'appareil effrayant des tribunaux révolutionnaires et des échafauds dressés sur tous les points de la France, ces exécutions en masse, dont les noyades de Nantes et les mitraillades de Lyon donnèrent l'affreux spectacle, imprimèrent dans les ames une terreur qui les avilit; les sentimens nobles et généreux s'éteignirent; les plus doux mouvemens du cœur se perdirent dans un égoïsme glacé; l'amour même de la vie, cette source de toutes les affections sociales, s'affaiblissait de jour en jour, et l'on alla même jusqu'à douter qu'il y eût une Providence.

Toutefois quelques éclairs brillèrent encore au

milieu de cette nuit orageuse, et du sein de tant
d'horreurs on vit jaillir d'éclatans témoignages de
l'antique honneur national (1).

---

(1) A cette époque de bons citoyens eurent le courage
de s'élever contre les horreurs dont nous étions les victimes. L'auteur de cet écrit rapportera ici en entier un projet
d'adresse à l'Assemblée Nationale, qui fut présenté et
discuté dans une séance du Conseil-général de la Commune de Paris, le 6 juillet 1792, et dans lequel se trouve
un tableau, effrayant de vérité, de la situation de la France
à cette époque, et de l'influence pernicieuse qu'exerçait
alors la société des Jacobins. Cette adresse, rédigée par
M. Cahier, avocat, membre du Conseil-général, aujourd'hui Substitut du Procureur-général en la Cour Royale
de Paris, se trouve dans un des journaux du temps,
intitulé la *Feuille du Jour*, sous la date du 9 juillet 1792 :

MESSIEURS,

Le Conseil général de la Commune de Paris nous
députe vers vous, pour vous faire part de ses trop justes
alarmes sur l'état actuel de la capitale, en même temps
pour fixer vos regards sur la plus puissante des causes des
désordres qui l'agitent en tous sens, et qui la menacent,
ainsi que l'empire entier, d'une dissolution absolue.

Nous ne devons pas vous le dissimuler, Messieurs : les
événemens de la fatale journée du 20 juin ont jeté la
consternation dans tous les esprits ; partout s'offre aux regards l'image de la honte, de la terreur, du désespoir. On
ne peut se rappeler sans frémir cette violation sacrilége
de toutes nos lois, le sommeil ou l'impuissance des ma-

**Le clergé de France, si renommé par ses vertus
et par ses lumières, donna le premier l'exemple**

---

gistrats, et au milieu des plus affreux dangers, cette
torpeur des chefs de la force publique, paralysée comme
par enchantement dans toutes les mains. Indigné des
outrages dont le Roi des François a été couvert jusque
dans son palais, chacun tremblant à chaque instant pour
lui-même, pour ce qu'il a de plus cher, semble douter s'il
existe des lois protectrices; tous se demandent si, dans les
murs de cette ville, on peut espérer encore sûreté et
tranquillité.

D'un autre côté, des agitateurs se répandent dans les
rues, dans les carrefours, dans les places publiques; des
harangues, des placards dictés par des Cannibales, provo-
quent le peuple au pillage, au meurtre ; on irrite, on
enflamme avec art les esprits foibles et crédules; on mon-
tre aux Parisiens le château des Tuileries comme une seconde Bastille, dont la chûte manque à leur gloire, dont
la destruction totale doit achever la conquête de la liberté.
Malgré l'active surveillance de la municipalité, malgré
ses sages proclamations, une fermentation sourde se fait
sentir et semble présager de nouveaux crimes; enfin, et ce
dernier trait met sans doute le comble à la désolation gé-
nérale, les tribunaux sont muets ; les coupables de ces
attentats dont la France entière demande vengeance,
insultent par leur présence à la douleur publique ; le
crime a trouvé des défenseurs, disons tout, il a trouvé
des apologistes.

Au milieu de cette sainte indignation qui a soulevé les
uns, de ces convulsions criminelles qui agitent encore les
autres, ici les liens de la fraternité se relâchent ou se

du plus noble dévouement. N'obéissant qu'aux mouvemens de sa conscience, il renonça sans hé-

rompent; là, l'esprit public se corrompt et se perd; la liberté se tue par ses propres excès; l'arche même de la constitution n'est pas épargnée. Le goût des désordres, de l'insubordination, a remplacé l'amour du travail et des lois; les autorités les plus respectables sont méconnues; les magistrats du peuple sont outragés; la marche de l'administration entravée s'arrête à chaque pas. Le génie des arts se flétrit; chaque jour les canaux du commerce se dés.è-chent; toutes les sources de la prospérité publique se tarissent; partout le corps politique offre les signes avant-coureurs d'une désorganisation prochaine.

Placés au centre de ces mouvemens divers, les magistrats choisis par le peuple de la capitale ont dû s'appliquer à en rechercher les causes et les remèdes; c'est le résultat de leurs réflexions qu'ils apportent aux pères de la patrie, à ceux-là seuls qui, s'ils le veulent, puissent aujourd'hui guérir le mal.

Un cri presqu'universel avoit depuis long-tems éveillé l'attention du conseil général de la commune sur ces sociétés auxquelles la liberté française, s'il faut en croire leurs fondateurs, doit ses avantages les plus solides, et que l'on accuse aujourd'hui de détruire leur propre ouvrage. Le souvenir des grands services qu'elles se vantent d'avoir rendus à la révolution, l'intérêt qu'elles avaient elles-mêmes à ne point souiller leur propre gloire, ces idées simples ont dû nous tenir long-temps en suspens, et nous arrêter dans le jugement que nous en devions porter. Les mêmes cris d'improbation se sont fait entendre avec plus de force; nous avons pesé avec plus de soin les reproches qui frappoient nos oreilles; nous avons examiné

siter aux honneurs et aux biens de ce monde. Une
croix de bois à la main, il abandonna le sol natal,

---

de près les sociétés que des milliers de voix nous dénon-
çaient ; nous avons voulu étudier leur organisation , leurs
ressorts secrets , l'esprit qui semblait y dominer ; nous
avons soulevé quelques-uns des voiles qui dérobaient aux
yeux du grand nombre ce qui devait lui être caché ;
et du moment où notre opinion dans ce grand procès a été
formée , nous nous sommes dit que nous ne devions
pas tarder à la prononcer hautement devant ceux que le
choix du peuple a fait les arbitres de ses destinées.

Messieurs , nous sommes solidairement , individuelle-
ment , chargés de veiller sur le dépôt sacré des lois , de la
constitution , des mœurs : sans doute vous nous écouterez
attentivement , lorsque nous vous dirons que ce dépôt
est attaqué , qu'il l'est par ces sociétés même qui s'en
disent les amies , et que , pour le défendre , nos forces
sont insuffisantes.

La constitution *garantit à tous les citoyens la liberté
de s'assembler paisiblement et sans armes.*

Le décret du 19 novembre 1790 leur permet expressé-
ment *de former entr'eux des sociétés libres.* En même
temps , ce décret leur prescrit *d'observer les lois qui régissent tous les citoyens ;* la constitution veut *qu'ils sa-
tisfassent aux lois de police ;* et l'on sait que le décret
sur la police municipale (art. XIV) a placé ces associations sous la surveillance immédiate des municipalités. La loi du 9 octobre 1791 déclare *que nulle société,
club , réunion de citoyens ne peut avoir , sous aucune
forme , une existence politique, ni exercer aucune action sur les actes des pouvoirs constitués et des auto-*

et porta chez les étrangers le touchant spectacle de son honorable pauvreté et de ses vertus apostoliques.

---

rites légales , elle leur défend de mander les fonctionnaires publics ou de simples citoyens.

Enfin , le rapport fait au mois de septembre 1791 , par le comité de Constitution , et dont les bases ont été approuvées par la première Assemblée Nationale , qui *en a décrété l'impression avec la loi elle - même* (art. IV) , renferme des principes encore plus sévères sur la publicité des séances de ces sociétés , sur leurs affiliations, leurs journaux, leurs correspondances. L'Assemblée Constituante avait entrevu, ainsi que son comité , les dangers que présentaient ces divers moyens d'influence ; mais, en paraissant toucher à l'exercice des facultés de ces associations utiles , elle avait craint d'effaroucher un peuple , d'autant plus jaloux de sa liberté, qu'il était moins éloigné de l'instant où il l'avait reconquise ; elle a donc borné la loi sur cette partie importante de ses travaux , à quelques articles sur les actes *qui usurperaient une partie de la puissance publique ou qui arrêteraient son action , et elle a abandonné tout le reste à l'influence de la raison , à la sollicitude du patriotisme.*

De ces principes, qui ne peuvent être contestés que par l'ignorance ou la mauvaise foi, l'on doit tirer cette conséquence, que les réunions paisibles de citoyens doivent être *inaperçues dans l'etat* , et que *toute action hors de leur enceinte leur doit être sévèrement interdite :* c'est dans ce cercle qu'elles doivent se renfermer ; si elles se permettent d'en sortir , la liberté publique et individuelle est menacée, et bientôt reparaissent pour

Dans les provinces de l'ouest, la noblesse française se montra digne de ses ancêtres. Pendant plu-

---

tous , excepté pour les sociétaires , les dangers de ces corporations anciennes que vos prédécesseurs ont abattues avec tant de courage et de constance.

Les sociétés patriotiques ont-elles respecté les bornes que la constitution et l'ordre public avaient posées autour d'elles ? Celle qui se dit elle-même *la société mère*, et qui , établie sous nos yeux , a dû fixer plus particulièrement notre attention , s'est-elle contentée de *l'existence privée* à laquelle elle devait être réduite? S'est-elle défendu régulièrement les actes extérieurs d'autorité qui *pouvaient lui donner les formes de l'existence politique* ? La réponse à ces questions ne peut être embarrassante pour personne.

Vous le savez trop bien , Messieurs , et personne en France ne l'ignore aujourd'hui. L'établissement connu à Paris , sous le titre *de Société des Amis de la Constitution*, a tous les caractères d'un corps politique, immense, puissant, dominateur. Nous irons plus loin : cette société est devenue une sorte de colosse à cent mille têtes, à cent mille bras, qui saisit et dévore tout, qui couvre et presse de son poids énorme la surface de l'empire.

Le lieu de ses séances est ouvert au public. Là , comme ici, se trouvent des comités, des tribunes , un président, des secrétaires ; là, comme ici, on délibère , on rédige des procès-verbaux , on y insère des mentions honorables, on y prend des arrêtés, et un journal les fait circuler avec profusion. « Là, disent vos détracteurs , se préparent les lois que vous faites ici ; là , disent-ils encore, se con

sieurs années d'une lutte sanglante, où se renou-
velaient chaque jour les exemples du plus grand

---

certent les mesures secrettes de tactique par lesquelles
on doit faire décider ici les questions les plus importantes.

Douze cents sociétés affiliées à celle-là communiquent
à ce centre commun par une correspondance rapide et
continue ; toutes semblent n'exister, n'agir, ne penser,
ne parler que par la *Société Mère :* de ce point unique
partent et se répandent dans tous les départemens des
adresses, des arrêtés, suivis souvent avec cette obéissance aveugle qui n'est due qu'aux autorités constituées.
Il semble à ceux qui ont observé ces mouvemens,
qu'une partie de la France attende, pour agir, le signal
qui lui sera donné du fauteuil où siége le président de
cette étonnante corporation. »

De-là cette influence scandaleuse sur les assemblées
primaires et électorales, sur les municipalités et les
autres corps administratifs ; et pourquoi n'aurions-nous
pas le courage de vous le dire, Messieurs, sur vos propres
délibérations ? De-là cette action, tantôt cachée, tantôt
ouverte, suivant les circonstances, sur les agens même
du ministère et sur les chefs de nos armées ; de-là,
ces ordres qui, sous le titre d'invitations, mandent devant
ce tribunal sans appel les fonctionnaires publics, et les
forcent à rendre compte de leur conduite, de leurs
liaisons, des actions les plus simples de leur vie privée:
de-là cet esprit de fanatisme, qui reprouve tout ce qui ne
porte pas les mêmes livrées; de-là cette inquisition de tous
les jours, de tous les momens, qui suspecte, harcèle,
tyrannise en cent façons les citoyens les plus paisibles;
de - là, enfin, cette usurpation progressive de tous les

héroïsme, elle défendit avec une intrépide énergie
les droits du trône, les institutions de la monarchie,

---

pouvoirs, qui s'est aujourd'hui tellement accrue, qu'attaquer la société, ou seulement un de ses chefs, un de ses membres, paraît aux uns l'effort d'un courage peu commun, aux autres l'écart d'une tête en délire. Dans ce tableau, où tout est vrai, où aucun trait n'est chargé, vous aurez sans doute remarqué, Messieurs, à quelle distance cette association d'hommes presque tous inconnus, et tous sans mission, s'est écartée de la loi, des maximes les plus simples de l'ordre public, et du gouvernement représentatif.

A ces divers reproches on en ajoute de plus graves encore. Tous les citoyens qui chérissent la constitution, la morale, les lois, se plaignent hautement de l'abus que fait cette société de son empire sur le peuple accourant dans ses tribunes et s'y pénétrant chaque jour de sa pernicieuse doctrine; de la légereté coupable avec laquelle la calomnie, la diffamation y sont apportées des lieux les plus abjects, accueillies et propagées bientôt dans toutes les parties du royaume; de la cruauté froide avec laquelle l'homme le plus pur, le plus intègre, est bassement sacrifié à de petites passions, à de misérables intérêts de parti. Là, dit-on, et le journal de la société l'atteste à chaque page; là, l'insubordination est ouvertement prêchée, applaudie, protégée. Tantôt on y disserte longuement sur les mesures à prendre pour dépouiller le monarque des droits que la constitution lui assure; tantôt on s'applique à décrier l'Assemblée créatrice de cette constitution, et celle qui en a juré le maintien. Aujourd'hui le nom d'un membre

les autels de la religion ; et les noms des Delbek ,
des Bonchamp, des Charette, des Laroche-Jaque-

---

qui déplaît est effacé de la liste ; et demain le jugement
qui a ordonné cette radiation sera envoyé à toutes
les sociétés du département qu'habite la famille du
condamné ; et cette sentence ridicule, si elle n'était
atroce, va devenir peut-être une sentence de proscription. Celui-ci propose et fait arrêter que les sociétés
affiliées seront invitées à envoyer une armée à Paris ;
et cette armée approchait, Messieurs, avant que l'ordre
d'avancer lui eût été donné par le chef de la force publique : celui-là, pourrez-vous le croire, Messieurs ? celui-
là appelle citoyen vertueux l'assassin qui plongera le
poignard dans le sein de Lafayette ! Et voilà, voilà
cette terrible corporation, usurpant l'enseignement public,
pervertissant les mœurs, créant et détruisant les répu-
tations, avilissant les pouvoirs, disposant à son gré de
l'honneur, de la vie des citoyens, de la force publique,
enfin devenue législateur et monarque, juge et bourreau tout ensemble (1).

Ces rapprochemens vous ont fait frémir, Messieurs.
Eh bien ! dites-nous-le, combien de temps la France et
la capitale sur-tout doivent-elles gémir encore sous
cette tyrannie nouvelle ? Quand mettrez-vous un terme
à ces abus toujours croissans ? N'entendez-vous pas
ces voix qui s'élèvent de tous les points du royaume, et
qui vous crient de faire cesser ce despotisme, plus into-
lérable mille fois que celui que nous avons renversé ?

(1) *Voyez* les numéros 208 , 214 , 217 , 221 du *Journal des Débats
de la Société des Amis de la Constitution* , séante aux Jacobins ,
à Paris.

lin , des Lescure, et de tant d'autres , seront burinés par l'histoire en caractères ineffaçables.

Mais ce furent les derniers efforts de la France expirante; ils se brisèrent contre la colonne de la révolution.

Non , Messieurs , il ne vous est plus permis d'en douter , c'est dans ce despotisme de factieux , sur lequel on nous accusera peut-être de n'avoir pas dit tout ce qu'il y avait à dire , qu'il faut chercher l'une des sources principales des malheurs qui nous affligent.

Forcés par notre devoir et notre respect pour l'Assemblée de modérer l'expression de la douleur que nous partageons avec elle , avec tous les vrais Français , nous n'avons peint que faiblement et nos maux et leurs causes ; mais sans doute nous avons été entendus , et dans ce péril extrême , général , tous les cœurs se rapprocheront et répondront aux nôtres. Hâtez-vous , Messieurs , nous vous en prions , hâtez-vous d'organiser l'instruction publique , perfectionnez le Code pénal et correctionnel, et sur-tout qu'une loi sage , rappelant les sociétés patriotiques à leur unique et véritable but, rende pour jamais impossibles en France ces usurpations de pouvoirs que ne veut point souffrir plus long-temps un peuple devenu libre , qui , en jurant de remplir les derniers engagemens pris par Mirabeau à cette tribune , a livré un combat à mort *aux factieux, de quelque côté, de quelque parti qu'ils puissent être.*

Quant à nous, Messieurs, comptez toujours sur notre attachement inviolable aux lois, à la constitution, aux autorités établies par elle. Quelque violentes que soient les crises qui nous menacent, recevez le serment que nous

Tel est l'effrayant tableau de cette première époque. Les chefs populaires, qui tournaient contre eux-mêmes la rage dont ils étaient animés, sentirent qu'il fallait modérer ce mouvement impétueux dont ils allaient être les victimes ; ils organisèrent alors cette oligarchie directoriale, qui imprima à la révolution un nouveau caractère.

La terreur avait brisé toutes les résistances qui s'opposaient à sa marche ; l'élite de la nation avait péri sur les échafauds et sur les champs de bataille, ou avait été chercher un asile aux terres étrangères ; toutes les forces de l'État étaient tombées entre les mains des factieux, et il leur devint facile de tenir sous le joug la nation toute entière.

Pendant le règne de la terreur, les plus renommés d'entre les chefs de la révolution avaient péri victimes des factions qui les avaient divisés. Entraînés par un fanatisme aveugle, et rêvant la chimère de l'égalité et de la démocratie, la plupart d'entre eux étaient morts dans l'indigence. Ceux qui leur survécurent, et entre les mains desquels était tombé leur sanglant héritage, songèrent alors à tourner ce fanatisme au profit de leur ambition et de leur cupidité.

---

faisons entre vos mains, de ne jamais oublier nos devoirs, et de périr sur la brèche où le peuple nous a envoyés, plutôt que d'abandonner un poste que le péril nous a rendu à tous plus précieux et plus cher.

Ils mirent plus d'adresse et de modération dans leur conduite ; ils abandonnèrent les moyens violens et arrêtèrent l'effusion du sang. En parlant toujours de liberté, d'égalité, de république, ils se masquèrent sous des formes hypocrites, et maintinrent leur despotisme par les raffinemens de la police la plus inquisitoriale.

Les trésors de l'État, accrus par les confiscations, devinrent leur proie ; les chefs du gouvernement, les directeurs, les ministres, s'immiscèrent dans toutes les spéculations de finance, s'associèrent clandestinement à tous les marchés, intervinrent dans les opérations les plus ruineuses pour le trésor public. Ce règne fut celui des fournisseurs, des agioteurs et des usuriers. Des hommes sortis des rangs les plus obscurs arrivèrent subitement à des fortunes immenses, fruit du plus impudent brigandage. Ce funeste exemple alluma dans tous les cœurs une cupidité effrénée. La plus scandaleuse vénalité s'introduisit dans toutes les parties de l'administration publique. La fortune étant devenue la seule distinction sociale, les moyens les plus vils furent employés pour y parvenir, et les registres des tribunaux prouvent que, dans aucune autre époque, on n'avait vu se multiplier d'une manière plus effrayante les faussaires, les banqueroutiers frauduleux, tous ces crimes honteux qui attestent l'avilissement des ames et la corruption d'une société dégradée.

Ces désordres enfantèrent bientôt un luxe qui ne connut plus de bornes.

Dans un État bien ordonné, le luxe, enfant de la richesse, mais réglé par les mœurs et le sentiment des convenances sociales, contribue à la prospérité publique, parce qu'il n'est que relatif et déterminé par le rang que l'on occupe dans la société ; mais alors il devint absolu ; chacun se crut le droit d'avoir tout le luxe qu'il pouvoit payer : les rangs de la société, mêlés et confondus, rivalisèrent entr'eux de dépense et de faste ; l'ordre et l'économie furent bannis des familles, et même des professions auxquelles ils étaient le plus nécessaires ; les femmes, oubliant la décence qui convient à leur sexe, étalaient dans les lieux publics l'élégance effrontée des courtisanes. Ces recherches du luxe dans les meubles, dans les habits, contrastaient souvent d'une façon bizarre avec le langage, les momeries, la grossièreté des nouveaux parvenus, et la France offrit le spectacle des plus ridicules saturnales (1).

____

(1) Il y avait alors à Paris des entrepreneurs de banqueroute : elles avaient un cours sur la place ; et ce fut à cette époque que parut la pièce de *M. Duhautcours*, très-jolie comédie, de MM. Picard et Chéron, et qui peignait avec beaucoup de gaîté les mœurs dont je viens de tracer le tableau.

Le gouvernement directorial, miné par ces désordres, marchait à grands pas vers sa ruine. Les chefs de la révolution cherchèrent alors dans l'armée l'appui d'un pouvoir qui allait leur échapper.

L'armée n'avait pris encore aucune part aux divers changemens survenus dans le gouvernement intérieur de la France. Entraînée par un sentiment aveugle de liberté, et croyant la défendre, elle se battait pour les oppresseurs de la patrie. Elle était conduite à la victoire par des généraux qui s'étaient presque tous élevés du rang de soldat au commandement suprême.

Dans les premiers jours du gouvernement directorial, un jeune officier d'artillerie, caché jusqu'alors dans les grades inférieurs, fut élevé au *généralat* de l'armée d'Italie. Cet honneur fut la récompense des services qu'il avait rendus à la Convention nationale dans les journées de vendémiaire, en la défendant contre les attaques des sections armées de la capitale. Le sang français versé par ses mains marqua ses premiers pas dans la carrière ; funeste présage de celui dont il devait inonder l'Europe !

Ses premières campagnes effacèrent, par les plus brillantes victoires, la gloire de ses rivaux ; mais il annonça sur-tout cette ambition démesurée et cette audace de caractère qui devaient bientôt amener sur la scène du monde des événemens si extraordinaires.

Parti pour la conquête de l'Egypte, lorsque la paix eut terminé ses campagnes d'Italie, il était revenu de cette expédition plutôt en aventurier qu'en héros. Lorsqu'il toucha le sol français, le directoire terminait sa honteuse carrière. Les hommes de la révolution, voyant qu'elle était usée sous la forme directoriale, sentirent qu'il fallait pour ainsi dire la retremper, en la reproduisant sous un nouvel aspect et en lui donnant une autre direction.

Jusqu'alors le sceptre révolutionnaire n'avait été porté que par des mains obscures, l'armée avait toujours été sous la dépendance de l'autorité civile : nous allons maintenant voir l'armée jouer le principal rôle, et, dans la personne de Bonaparte, son chef le plus renommé, toute la puissance de la révolution remise entre ses mains.

Le 18 brumaire, il se fit un pacte du jacobinisme avec le sabre, et la France fut le prix du marché.

Sous le nom de premier consul, Bonaparte exerça le pouvoir suprême, et il devint bientôt entre ses mains le plus violent despotisme.

Né avec une tête ardente, une volonté implacable, nourri de toutes ces doctrines modernes qui allument les passions et dessèchent le cœur, il ne crut ni à la vertu ni aux sentimens nobles et généreux, dont il ne retrouvait pas l'image dans le fond de son ame. Dissimulé, hypocrite,

comédien par caractère, il prenait tous les mas-
ques et affectait tous les langages. Mahométan en
Egypte , flatteur en France de la secte philosophi-
que , dont il voulait se faire un appui et qui le
crut long-temps le soutien de ses idées libérales ,
religieux même avec le Pape qu'il accabla ensuite
d'humiliations et d'outrages , il se jouait avec im-
pudeur des traités les plus sacrés et des sermens
les plus solennels ; ce n'étaient , disait-il , que des
ruses de guerre. Etranger au sentiment de la
pitié , la vue d'un champ de bataille et le sang
qui coulait à grands flots ne lui faisaient éprou-
ver aucune émotion. Les hommes n'étaient pour
lui , pour ainsi dire , que des chiffres et les instrumens de sa délirante ambition.

Il trouva la France depuis long-temps subjuguée et façonnée à la servitude, une armée aguerrie
par douze années de combats et de victoires ; il
les précipita en furieux sur l'Europe dont il dévo-
rait en idée la conquête.

Personne ne poussa plus loin que lui l'audace
des succès et l'abus de la victoire. Il conçut sans
doute de vastes plans et les exécuta avec une in-
trépidité peu commune ; mais il n'eut jamais de
grandes et nobles pensées, parce que la nature ,
qui l'avait doué d'une imagination ardente , lui
avait refusé un cœur.

Ses actions ne furent pas dirigées par la prudence ; il semblait , au contraire , les abandonner

à une fatalité aveugle qui fut toujours secrète-
ment la règle de sa conduite. Aussi ses entreprises ne portent - elles pas l'empreinte du génie
dont le caractère distinctif est d'exécuter avec
sagesse ce qu'il conçoit avec grandeur ?

Toutefois la fortune le combla long-temps de
ses faveurs. Ses succès inouis jusqu'alors dans
l'histoire du Monde étonnèrent les imaginations
et subjuguèrent les esprits. Dans l'armée comme
dans le gouvernement civil, son despotisme ne
rencontra point d'obstacle : il fit tout fléchir sous
sa volonté de fer ; il n'attacha de mérite, il ne
connut même de vertu que dans le plus absolu
dévouement à ses ordres et même à ses caprices.
Les récompenses, les honneurs furent le prix de
cette obéissance servile. Aussi on se précipita à
l'envi vers la servitude ; jamais on ne poussa
plus loin l'effronterie de la louange et le délire de
la bassesse : plaire au maître, exécuter aveuglé-
ment ses ordres, devint la seule étude et la loi
suprême : devoir, honneur, par lui tout fut
oublié.

Qui peut encore se rappeler sans indignation et
sans dégoût la servilité de ce sénat qui, pendant
tant d'années, n'éleva la voix que pour consacrer par son suffrage les entreprises les plus
odieuses et le mépris le plus insolent des droits
et des libertés des citoyens? Les victoires dévo-
raient la population de la France ; les familles

étaient en deuil, et chaque année ce sénat infati-
gable immolait huit cent mille victimes humaines
à ce moderne Teutatès.

L'armée, entraînée à des conquêtes lointaines,
et avec laquelle il partageait les dépouilles de
l'Europe, l'armée avait oublié la France, abjuré
tous les sentimens patriotiques, et ne connaissait
plus que la voix de son Chef.

On a vu les tristes effets de ce monstrueux
pouvoir. Dans l'intérieur de la France, le triomphe
du crime, tous les droits méconnus, les familles
désolées, les emplois, la fortune, les honneurs
devenus le partage d'une poignée d'hommes cor-
rompus, livrant la nation toute entière à l'usurpation la plus insolente et à la plus exécrable
tyrannie.

Au-dehors, le droit des gens foulé aux pieds;
la foi jurée trahie, les traités les plus solennels
violés, par-tout les partages, les incendies, les
massacres; les Souverains de l'Europe, ces des-
cendans de tant de Rois, contraints de courber
la tête devant ce Corse, heureux enfant de la
révolution, et qui ne connut d'autre droit que
celui de la violence.

Mais la France, l'instrument de tant de fureurs,
devenue la terreur et le fléau du Monde, vit se
conjurer contre elle la haine et la vengeance de
toutes les nations. Il suffit alors d'un seul revers
pour renverser ce colosse de puissance que l'on

croyait inébranlable ; on sentit, mais trop tard, qu'il n'y a de pouvoir durable que celui qui est fondé sur la modération et sur la justice; et ce torrent, qui menaçait d'engloutir le Monde, ne causa, en se retirant, que l'odieux souvenir de ses ravages.

Je viens de tracer le tableau des trois grandes époques de la révolution française : on a vu leur influence sur le caractère de la nation.

Les anciennes institutions renversées et anéanties n'ont point été remplacées par des institutions nouvelles ; car on n'appellera pas sans doute de ce nom ces constitutions éphémères, qui n'ont été que l'ouvrage des factions, et n'ont laissé dans les esprits que la conviction de leur insuffisance pour assurer le bonheur et la liberté des citoyens.

La confusion des personnes et des rangs, le bouleversement des fortunes, la spoliation des premières classes de la société, la lutte des partis tour-à-tour victorieux et vaincus, ont jeté dans les esprits des fermens de vengeance et de haine toujours prêts à éclater.

Les outrages faits à la religion, les doctrines de matérialisme et d'athéisme audacieusement répandues, le mépris versé sur les ministres des autels, le dénuement et la misère dans lesquels on les a laissé languir, ont ébranlé les fondemens de la morale publique, enlevé au peuple la règle des mœurs, et étouffé dans les ames le sentiment du devoir.

L'éducation de la jeunesse a été livrée à de vaines théories et à de faux systèmes ; les sciences physiques et naturelles, qui ne demandent que de la mémoire, et qui, pour me servir des propres expressions de Bossuet, « ne sont que la vaine » pâture des hommes curieux et faibles, parce » qu'elles nourrissent l'orgueil à peu de frais pour » l'esprit, et qu'elles n'exigent des passions aucun » sacrifice, » ces sciences, dis-je, ont prévalu sur ces études littéraires, ces connaissances politiques, morales et religieuses, dont se composait l'ancienne éducation, et qui, en offrant de grands exemples à imiter, échauffaient l'ame de la jeunesse et lui inspiraient de bonne heure de hautes pensées et des sentimens généreux.

Les plus nobles fonctions de la société dans la magistrature et dans l'administration, qui n'étaient autrefois payées que par la considération publique, salariées aujourd'hui comme les plus vils emplois ont cessé d'être l'objet d'une honorable ambition, et ne sont plus recherchées que par la cupidité.

Les variations dans le Gouvernement, qui depuis vingt ans se sont succédées avec tant de rapidité, les sermens si souvent exigés et aussitôt violés, ont détruit cette opinion de la légitimité du pouvoir, le fondement le plus solide de la société civile ; ils ont accoutumé les hommes à se jouer de la foi jurée, à se parjurer sans honte, et dans l'exercice de leurs devoirs à ne plus écouter la voix de leur conscience. Alors on a perdu ce respect pour soi-même, cette fleur de délicatesse qui répand tant de lustre sur les actions, et ce sentiment exquis de l honneur, autrefois le caractère distinctif et le plus beau patrimoine de notre nation.

C'est ainsi que les Français ont vu s'éteindre ces sentimens qui les unissaient entr'eux, se perdre ces opinions politiques et religieuses qui les ralliaient autour du même trône et des mêmes autels, se rompre enfin tous ces liens, qui ne formaient d'eux tous qu'une seule famille, et qui, une fois rompus, les ont laissés seuls et isolés, sans garantie de leurs droits, sans liberté et presque sans patrie.

Tel est cependant l'état de dissolution morale dans lequel est tombée la France depuis vingt ans ; traînée de tyrannie en tyrannie, elle s'agite et se tourmente pour courir après une ombre de liberté et de bonheur qui la fuit sans cesse, trop heureuse, après tant de convulsions et d'infortunes, de pouvoir se réfugier dans les bras de l'autorité légitime, que des factieux voudraient repousser encore, et qui, cependant, aujourd'hui, est le seul ancre de salut qui lui reste.

Je viens de dire les maux de la Patrie : je vais maintenant essayer d'en indiquer le remède.

Il faut, avant tout, calmer l'agitation des esprits. Au milieu du combat des passions et du choc des partis, quel bien pourraient produire les mesures les plus sages ? Après une révolution de plus de vingt années, qui n'a laissé que des souvenirs douloureux ; après le froissement de tant d'intérêts, lorsque les diverses classes de la société ont été tour-à-tour oppresseurs et victimes, quelle force ne faut-il pas pour comprimer dans le fond des cœurs tous ces fermens de haine et de vengeance? que de sagesse, que de modération pour les calmer et finir enfin par les éteindre !

Mais cette force, comment le Roi la trouvera-t-il dans sa propre Nation ? C'est dans une armée obéissante et fidelle que réside cette puissance qui assure l'exécution des lois. Or, la France n'a plus d'armée. Ses élémens dissous et dispersés ne peuvent pas encore être rassemblés dans une organisation nouvelle ; je dis plus, il pourrait y avoir du danger à en précipiter le moment. L'armée, par sa défection, a causé les malheurs de la France; les esprits de ceux qui la composent sont encore trop remplis des maximes et des opinions révolutionnaires; trop exaspérés par les derniers événemens, ils ont conservé trop de souvenirs, et peut-être de regrets, de leur existence passée, pour offrir une garantie suffisante de leurs intentions et de leur conduite future. Il serait à craindre qu'en croyant organiser une défense pour la Patrie, on ne préparât, au contraire, de nouveaux instrumens de trouble, en prêtant encore des armes aux factions. La prudence exige donc qu'avant de réorganiser l'armée on laisse aux passions le temps de se calmer, et à l'ordre celui de se rétablir.

Mais puisque le Roi ne peut se passer d'une force militaire pour assurer l'exécution de ses ordres et maintenir la tranquillité publique, et que les circonstances extraordinaires où se trouve la France s'opposent à ce qu'il puisse la trouver dans sa propre nation, il faut bien qu'il l'emprunte du dehors, et les souverains étrangers peuvent seuls la lui prêter.

Ah! sans doute, il est douloureux pour la France de se voir réduite à cette dure extrémité; il n'est pas un Français qui n'en soit vivement blessé et dans ses affections patriotiques et dans son orgueil national; mais nous devons nous dire : voilà où nous ont conduit nos excès, nos fureurs, nos erreurs peut-être; nous devons nous tenir en garde contre nous-mêmes, contre nos passions, qui s'agitent encore et qui nous tourmentent, contre nos lumières sur-tout, obscurcies par de fausses doctrines; enfin, contre notre raison même, qui ne peut assurer sa marche au milieu de tant d'intérêts qui se heurtent et de la fermentation qui se manifeste encore de toutes parts.

Les souverains alliés n'oublieront pas, sans doute, que la révolution de France est devenue la grande affaire de l'Europe; que c'est contre ses principes et ses fausses doctrines subversives de l'ordre social qu'ils se sont armés, bien plus encore que contre la nation française, et qu'en nous prêtant leurs forces pour nous aider à rentrer dans l'ordre légal et sous les lois de l'autorité légitime, ils raffermissent les fondemens de leur trône et garantissent pour l'avenir le bonheur et la tranquillité de leurs pays.

Que si, au contraire, ils ne cherchaient dans leur victoire qu'à satisfaire des passions haineuses, qu'à humilier la France, à la ruiner par des contributions exorbitantes, ce serait, je n'hésite pas à le dire, les vues d'une politique bien étroite. On n'épuise pas, quoi qu'on fasse, un corps vigoureux comme la France; il porte en lui-même des principes de vie qui ne peuvent s'éteindre; c'est le géant de la fable, qui reprend une nouvelle vigueur en touchant le sol qui l'a vu naître; et les souverains de l'Europe ne feraient que préparer contr'eux une réaction nouvelle et peut-être de terribles représailles.

Espérons que nous n'aurons point à gémir de pareils malheurs; nous en avons pour garans leur modération et leur magnanimité, dont ils nous ont déjà donné de si éclatans témoignages. La force qu'ils nous prêteront sera protectrice et non pas oppressive : placée sous les ordres et l'autorité immédiate de notre Monarque, nous laisserons à sa sagesse le soin d'en diriger l'emploi pour assurer notre repos sans compromettre notre indépendance.

Mais il ne suffit pas d'avoir ainsi armé l'autorité royale de la puissance répressive dont elle a besoin; il faut attaquer, jusques dans sa source, la maladie morale dont la France est tourmentée, extirper jusqu'au dernier germe du levain révolutionnaire, et rasseoir sur sa base la société civile, en garantissant à l'avenir de toute atteinte le principe sacré et conservateur de la légitimité du pouvoir souverain.

Ce principe prend sa source dans des vérités que depuis un demi-siècle on s'est efforcé d'obscurcir.

Lorsqu'une nation nombreuse est répandue sur un vaste territoire, elle ne peut agir par elle-même, et son action ne peut se manifester que par le jeu des pouvoirs qui régissent la société.

Dans la monarchie héréditaire, telle qu'elle a toujours existé en France, le premier de tous est l'autorité royale ; le Roi est la source des pouvoirs subordonnés, administratifs et judiciaires, et le gardien, le conservateur-né des lois et des constitutions de la patrie : rien ne peut être changé ni modifié à leur égard que sur sa proposition ou d'après son consentement.

Les pouvoirs intermédiaires, sous quelques noms qu'ils existent, ne sont placés auprès de lui que pour l'éclairer de leurs lumières, coopérer à la confection des lois qu'il croit nécessaires, consentir les impôts, en examiner l'emploi, et juger la conduite politique des premiers agens de l'autorité.

Sans le Roi, ces corps ne sont rien et leur action est paralysée. Qu'ils soient, au contraire, absens ou présens, l'autorité royale agit toujours pour l'exécution des lois et pour le maintien de l'ordre moral et légal de la société.

Dans le Roi réside la majesté de la nation ; il est, pour ainsi dire, la patrie vivante ; seul, il traite, en son nom et pour elle, avec les puissances étrangères.

Le Roi est Roi par le seul titre de sa naissance ; tous ses pouvoirs, il les tient de son seul droit héréditaire ; c'est la volonté de la nation exprimée dans ses lois, dans ses institutions, confirmée par les mœurs et les habitudes nationales, renouvelée pendant une longue suite de siècles.

Aucun corps dans l'État, aucune assemblée, à quelque titre que ce soit, n'a le droit de poser de nouvelles bornes à l'autorité royale, encore bien moins de disposer du trône ou de changer l'ordre de la succession établie.

L'hérédité du trône dans la ligne légitime et naturelle, telle qu'elle est établie et consacrée par les lois fondamentales de l'État, est la propriété la plus chère de la nation, la garantie la plus assurée de ses droits et de ses libertés.

La souveraineté du peuple est un dogme révolutionnaire qui a pris naissance dans le seizième siècle, au milieu des désordres et des convulsions excitées par la réforme de Luther, combattu et

renversé, dès son origine, par l'éloquente dialec-
tique de Bossuet (1). Ce dogme, ressuscité par les
sophistes du dix-neuvième siècle, n'est qu'une abs-
traction politique qui ne soutient pas l'examen de
la saine raison, et dont l'exécution est impossible
dans une nation nombreuse que son étendue em-
pêche de se réunir.

Une nation, sous les rapports politiques, n'existe
pas physiquement ; elle n'existe que moralement,
dans ses lois, dans ses institutions, dans ses mœurs,
dans ses habitudes. Sa prétendue souveraineté n'est
qu'une chimère, puisque, de l'aveu même de ses
partisans, une grande nation ne peut l'exercer, et
qu'il faut toujours revenir à cette vérité : que son
action ne peut plus avoir lieu que dans les formes
consacrées par les lois fondamentales. Ainsi, le
pouvoir constituant n'est qu'une invention de factieux, un moyen qu'ils ont toujours en réserve
pour bouleverser l'État au gré de leurs intérêts et
de leurs passions.

Ce dogme n'est donc qu'une doctrine de sec-
taires, qui ne tend qu'à ébranler les colonnes de la
société civile ; c'est l'éternel aliment des factions ;
c'est une arme terrible qu'il ne faut plus laisser
entre leur mains.

Puisse le Corps-législatif, qui va se réunir, se

____

(1) Dans le cinquième avertissement au docteur Claude
Jurieu.

pénétrer de ces importantes vérités ! puisse-t-il les consacrer dans une déclaration solennelle qui doit être le premier acte de sa session !

C'est ainsi qu'en replaçant sur son antique base notre société politique, il donnera à l'Europe le rassurant témoignage que la France est dans la ferme résolution d'abjurer à jamais les faux systèmes qui l'ont trop long-temps égarée, et de rentrer enfin dans l'ordre légal, raisonnable et légitime.

C'est ainsi que nous rapprocherons de nous les Puissances étrangères qui nous observent, et qui resteront toujours dans la méfiance et une juste inquiétude, tant qu'elles croiront s'apercevoir que l'on cherche encore à composer avec la révolution ; que l'on veut en sauver les doctrines, et qu'ils apercevront dans les places les plus éminentes des hommes qui en ont été les plus ardens apôtres, et dont la présence rappelle de si tristes souvenirs.

Après ce grand acte de réconciliation de la France avec l'Europe, le Corps-législatif n'oubliera pas, sans doute, que, pour arriver au rétablissement de l'ordre, il faut d'abord éteindre le feu des passions, calmer l'effervescence des esprits, et, par conséquent, se garantir de tout ce qui pourrait les exciter et les rallumer encore.

Il évitera donc ces discussions politiques qui jeteraient au milieu de nous de nouveaux brandons de discorde. La charte, que nous devons à la munificence du Roi et à son amour pour ses peuples, renferme en elle-même tous les élémens d'une sage liberté, et la prudence nous commande de ne point aller au-delà.

Le Corps-législatif sentira qu'il importe de ne point prolonger cette première session ; il se hâtera donc de régler ce qui regarde les finances, et après avoir voté les sommes nécessaires pour assurer les différens services, il se retirera en abandonnant à la sagesse du Roi le choix des mesures qui doivent ramener l'ordre et la tranquillité dans le royaume.

Le Corps-législatif n'oubliera pas que dans les crises violentes les moyens ordinaires ne suffisent pas, et il ne peut pas être maintenant question de jouir encore d'une pleine et entière liberté ; il faut, avant tout, nous en rendre dignes par l'abjuration de nos erreurs et notre retour sincère aux saines maximes.

« La liberté, a dit J.-J. Rousseau, est un aliment
» de bon suc, mais de difficile digestion ; il faut
» des estomacs bien sains pour les supporter. Je
» ris de ces peuples avilis, qui, se laissant ameuter
» par des ligueurs, osent parler de liberté sans
» en avoir l'idée, et, le cœur plein de tous les vices
» des esclaves, s'imaginent que pour être libres il
» suffit d'être mutins (1). »

Je laisse aux autres le soin de l'application.

Il importe donc que le Roi soit investi, pour

----

(1) Rousseau, dans son Gouvernement de Pologne.

un temps limité, d'une puissance extra-constitu-
tionnelle èt discrétionnaire , qui lui donne le droit
de suspendre et de modifier, selon les circonstances, les lois protectrices de la liberté des citoyens. Les peuples les plus libres dans les siècles
anciens et modernes nous en donnent l'exemple.

Dans les temps difficiles le Parlement d'Angle-
terre n'hésite pas de suspendre la loi d'*Habeas
Corpus*, et d'investir la couronne d'un pouvoir
extraordinaire; à Rome on créait un dictateur et
l'on couvrait d'un voile la statue de la liberté.

Mais le Roi ne peut agir seul; il lui faut des
conseillers et des ministres, et ses efforts seraient
infructueux, s'ils n'étaient point investis de la confiance de la Nation.

Je ne me dissimule pas que je vais toucher une
corde délicate. Citoyen obcur et inconnu, je suis
sans esprit de parti, et je parle sans ressentiment ,
et sans haine; mais je dois dire ce que je crois la
vérité, parce que je veux avec ardeur le bonheur
et la tranquillité de mon pays.

Ne perdons point de vue ce que j'ai cherché à
établir dans cet ouvrage: c'est qu'il n'y a de salut
à espérer pour la France, qu'en faisant un plein
divorce avec la révolution, ses doctrines, et les
hommes qui en ont été les ardens propagateurs ou
les complaisans serviles; qu'en nous rattachant aux
saines maximes du Gouvernement; en ressuscitant
parmi nous ces principes de raison et de justice,

ces opinions religieuses sur-tout, fondement éternel de la morale publique et privée, et la règle la plus sûre des mœurs.

Si des hommes ont longtemps professé les doctrines révolutionnaires ; si , entraînés par la fatalité des circonstances, ils ont partagé toutes les erreurs de la révolution ; s'ils ont été les complices de ces grandes fautes qui ont attiré tant de malheurs sur la France et coûté tant de larmes à l'humanité ;

Si d'autres, moins coupables peut-être, ont été, aux diverses époques, les fauteurs zélés de toutes les tyrannies ; s'ils ont montré cette triste flexibilité de caractère qui fait que l'on est toujours disposé à composer avec sa conscience et à s'accommoder indifféremment du vice comme de la vertu ; ces hommes, dis-je, doivent-ils entourer le trône du Roi, obtiendront-ils cette confiance universelle, cet empire sur l'opinion, qui, seuls, dans des circonstances aussi difficiles, peuvent donner à ceux qui gouvernent cette force morale dont ils ont besoin pour être les organes de la volonté du Monarque, faire entendre sa voix et obéir à ses ordres ?

Je leur dirais : je crois à vos bonnes intentions , même à votre repentir ; mais pouvez-vous éteindre les souvenirs, calmer les inquiétudes, empêcher que votre présence dans les hauts emplois du Gouvernement ne soit un scandale public, un découragement pour la vertu , et peut-être l'effroi des bons citoyens?

Jugez-vous vous-mêmes : lorsqu'il faut, pour ainsi dire, renouveler la France et recomposer le moral de la nation; lorsque, pour y parvenir, le premier devoir est de n'élever aux fonctions importantes de l'administration de la justice et de l'armée, à tous les emplois , enfin , dont l'exercice influe sur l'opinion et sur la moralité des citoyens, que des hommes dont la conduite et la conscience sont sorties pures , intactes de la rigoureuse épreuve de la révolution; des hommes dont la présence inspire le respect et commande la confiance; comment, dis-je, pourrez-vous apporter dans ce choix, d'où dépend cependant le salut de la patrie , cette impartialité , cette indépendance, cette abnégation de tout engagement antérieur, qui seuls peuvent en garantir la sagesse?

Comment oublierez-vous ces intérêts qui vous ont été communs avec de certains hommes, cette confraternité ancienne dans les opinions , dans les actions même, qui, dans les temps malheureux des factions, forment entre ceux qui ont longtemps marché sous les mêmess bannières , des liens si puissants, qu'il devient impossible de les rompre et de s'en dégager?

Non! de si grands efforts sont au-dessus de la puissance humaine; non! ceux qui ont été placés dans ces fatales circonstances ne peuvent prétendre à ce haut degré de confiance qui doit entourer les hommes appelés à exécuter ces grandes mesures que la sagesse du Roi doit prendre pour sauver la patrie.

Voilà le langage que je croirais devoir leur tenir : puissent-ils se convaincre de ces tristes vérités ! puissent-ils écouter la voix de la patrie ou plutôt celle de leur propre conscience ; alors ils s'abstiendront eux-mêmes, et ce sacrifice leur conciliera l'estime publique et la reconnaissance de tous les bons citoyens.

Le Roi entouré dorénavant de conseillers et de ministres avoués par l'opinion publique, parce qu'ils seront émanés d'un choix libre, et non pas commandés par des circonstances impérieuses ; le Roi marchera d'un pas ferme vers la régénération de la France, ce noble but de toutes ses pensées et de toutes ses actions.

Déja deux fois il nous a réconciliés avec l'Europe ; sans le respect que ses malheurs, ses vertus, la noble franchise de son caractère ont inspiré aux Souverains, je le demande à tout homme de bonne foi, que deviendraient nos personnes, nos fortunes, nos libertés, et l'indépendance de la nation ? Que pouvons-nous opposer à ces armées qui ont envahi notre territoire, à ces rois que nous avons outragés, à tous les peuples dont nous avons soulevé contre nous la haine et les vengeances ? le Roi, le Roi seul ; il est le bonheur et le salut de la patrie, il est pour nous une seconde providence.

Dans le cœur du Roi et des princes de son auguste famille, se sont réfugiés, comme dans un temple, tous ces sentiments nobles et généreux, proscrits par la révolution, et dont se composait autrefois notre caractère national ; c'est là que nous retrouverons cette antique loyauté chevaleresque et cet honneur français dont ils ont toujours été les plus parfaits modèles.

Les Bourbons appartiennent à la France; ils ne peuvent exister sans elle ; nos affreuses discordes et nos malheurs depuis vingt ans attestent assez que nous ne pouvons exister sans eux.

Rallions-nous donc franchement autour de ce trône, notre unique espérance, n'écoutons que la voix de notre Monarque, abandonnons-nous sans réserve à la direction de sa main paternelle, alors nous oublierons bientôt les maux que nous avons soufferts, et nous retrouverons le rang qui nous appartient parmi les nations de l'Europe.

Imprimerie de P. GUEFFIER, rue Guenégaud, n°. 31.

ERRATA.

Pag. 23, lig. 4, *la colonne*, lisez : *le colosse.*
Pag. 26, lig. 19, *momeries*, lisez : *manières.*
Pag. 3o, lig. 21, *par lui*, lisez : *patrie.*
Pag. 31, lig. 18, *partages*, lisez : *ravages.*
Pag. 32, lig. 5, *causa*, lisez : *laissa.*
Pag. 4o, lig. 3, *neuvième*, lisez : *huitième.*
Pag. 45, après *pures*, lisez : *et.*